E-YO

E-YO

REINALDO MONTT

Valparaíso
EDICIONES

Número 481 de la Colección VALPARAÍSO DE POESÍA
dirigida por FEDERICO DÍAZ-GRANADOS

Diseño de la colección y la portada: Chari Nogales
Maquetación: Ciclo Creativo

Imagen de portada: Mario Cantú (@mariocantuartistavisual),
Sovegna Vos, técnica mixta sobre cartulina

Patrocinadora: Deborah Clearman, artista y escritora
estadounidense *deborahclearman.com*

Primera edición: abril de 2025

© De los poemas: Reinaldo Montt

© Valparaíso Ediciones
   C/ Fray Leopoldo, 7 bajo, 18014 Granada
   www.valparaisoediciones.es

   ISBN: 979-13-87538-44-6
   Depósito Legal: GR 455-2025

   Impreso en España - *Printed in Spain*
   Gráficas Gami

E-YO

A Darinka, Bakia y Milena

PREÁMBULO CON TRAMPA

las palabras vertidas en esta obra son lo más parecido a una autobiografía falsa. más aún. son lo más cercano a una autobiografía psicológica falsa con pretensiones de falsedad. válgase el esfuerzo llevado a cabo para ocultar la propia verdad. entiéndase por falsedad todo aquello que de alguna u otra manera guarda algo en común con las pasiones y las violentas contradicciones. si por descuido llegase a asomar algún dejo de musicalidad. sépase que no ha sido esta la intención. sin embargo. no pudiéndose sustraer al sonido de las sombras el acto creativo. no queda más que hacer una defensa de la poesía como una creencia como un bosquejo apenas audible. tal vez de recuerdos o de la benevolencia del olvido. donde habita el impredecible espíritu de lo humano y su apariencia

*Este no es libro de buena fe; es un libro de pasión y,
por consiguiente, de injusticia;
un libro desigual, parcial, sin escrúpulos,
violento, contradictorio, insolente,
como todos los libros de los que aman y odian,
y no se avergüenzan de sus amores ni de sus odios.*
GIOVANNI PAPINI
EL CREPÚSCULO DE LOS FILÓSOFOS

PENUMBRA

De lo perdido, de lo irremediablemente perdido
sólo deseo recuperar la disponibilidad cotidiana
de mi escritura, líneas capaces de cogerme del pelo
y levantarme cuando mi cuerpo ya no quiera aguantar más.

ROBERTO BOLAÑO

VESTIGIOS DEL AMOR

hay ansiedad en mí y no puedo conciliar el sueño. cierto
día desperté con el temor de quedarme solo. tengo la
sospecha de que esta pesadilla es compartida. que todos
lo saben haciendo sus pasos más lentos y pesados
estamos sujetos de manera inexorable a la
condescendencia de aquellos que nos amaron
me pregunto qué significa esto pero no puedo
responder. somos una tenue y frágil vocecilla
provenimos de una definición al azar. qué siente tu
cuerpo que nadie haya escuchado antes qué imaginás
tenés que detenerte en algún momento y sentir compasión
escapar siempre será una senda pero al final resguardá la
ternura y confiá en las historias que cuenta el viento
y en el murmullo de la lluvia que se acerca

NIÑA CON UNA FLOR EN EL OMBLIGO

Aunque el sol te abrigue no quiere decir que no tengas más frío
Y si la luna se cubre no quiere decir que no tengas su luz
Cada día es la mañana desnuda y tu corazón tiene prisa
Y si el mundo se oculta no quiere decir que no puedas volar...
LUIS ALBERTO SPINETTA

A Milena

aún es primavera pero su rostro oculta torpemente la
llegada del verano. algunos afirman que es invierno. así
son las cosas de la naturaleza mi pequeña. gente agua
bestias cosas
sentado a la sombra de un ciprés pienso en lo que dirías

las aves están hablando qué dirán tal vez están hambrientas pelean

el día que partí me recordé de las noches en que
observaba tu rostro en la penumbra
mientras dormías. apartaba de mi pensamiento la idea
de no estar a tu lado
ahora que me encuentro lejos las preguntas se vuelven
recipientes
que el tiempo no puede llenar con flores y aves
me enfado con el viento y las hojas que caen de los
árboles. los presiento símbolos
aún es primavera. pasará y no seremos los mismos. un
dios terrible anida en el letargo animal
cuando los azulejos picotean torpemente el cristal y
cantan frente a su reflejo

llevan el signo del tiempo a cuestas. observá la geometría
del color. no renunciés al sonido de las rocas
al polvo que reseca tus labios. niña con una flor en el ombligo

PALABRAS DE MADRUGADA

A por otra vida. Una vida sin errores.
LOU LIPSITZ

esa noche después de mis malas acciones y aún
alcoholizado sentí miedo

estaba seguro de que había llegado el final. si quedaba
algo de amor se había agotado
es terrible no darte cuenta que podés perder
todo en un instante
el peor escenario nunca se presentó pero temo a las
cosas que quedan
si alguien maldice queda marcado. debe aceptar el frío
que no es gratuito
y aprender a acurrucarse sin preguntar nada

EL RUIDO DE CADA DÍA

vivo en una calle ruidosa. las ciudades son así en todas partes

el transporte el trabajo en las construcciones carcajadas y
gritos y los ladrones acechando normalmente me quejo
del bullicio
mi esposa dice yo estoy acostumbrada no le prestés atención
es complicado para mí pero lo intento
siempre argumento que crecí en un lugar tranquilo. al
despertar lo primero que escuchaba eran los cascos de los
caballos que pasaban por la calle rumbo al día de plaza
eso es lo que digo pero aquí los días son diferentes
tengo una hija y un hijo ambos son pequeños
entonces pienso el ruido no es el mismo cada día es diferente

LA MUERTE

En mi lóbrega y yerta fantasía
brilla tu imagen apacible y pura
como el rayo de luz que el sol envía
a través de una bóveda sombría
al roto mármol de una sepultura.
JOSÉ BATRES MONTÚFAR

antes pensaba mucho en la muerte. dejé de hacerlo
durante un tiempo
no sabría decir qué cosa llegó a ocupar su espacio. ahora
vuelvo a pensarla
qué se marchó con su llegada
tal vez algo sin importancia. sonrío porque no es así
una sombra que no consigue alcanzar su verdadera
forma queda vagando por mi mente

TRES MUJERES

(al fondo un hombre interpreta una melodía
con un violín imaginario)

I

él las observa mientras ríen
al fondo la imagen recortada de un hombre sostiene un
violín imaginario
trala trala tralalá

II

las tres mujeres ancianas risueñas y el músico
imágenes del tiempo
él no puede pensar en otra cosa que no sea el tiempo
a pesar de la música y las risas
a pesar de la pureza

III

a pesar del tiempo
una anciana se despide
la melodía continúa a pesar del tiempo
ella pasa a espaldas del músico apoyando su bastón
tlac tlac tlac tlac
sonríe y saluda al público

IV

para quién las risas
para quién la música
la pureza
un viento frío golpea su rostro con violencia crepuscular

EL BAÚL Y LA MUERTE

el otoño había llegado y yo disfrutaba del delicioso
frío que le acompañaba. la temporada de calor había
sido despiadada y por aquellos días decidí ir de visita
a casa de mis padres. tenía un par de años que no me
comunicaba con ellos. a causa del trabajo y algunos
compromisos inventados
una noche tomé el teléfono para llamarles y anunciar mi
arribo. mientras escuchaba el distintivo tono de espera
entré en pánico y colgué de inmediato. experimenté un
leve temblor y al tocarme la cara caí en la cuenta de que
estaba sudando
me senté a descansar en la silla que estaba cerca de
mi escritorio de trabajo. hice algunas respiraciones
e instintivamente comencé a escudriñar con la vista
algunos de los espacios y objetos de aquella habitación
la mesa vieja de pino llena de papeles revueltos. una
pequeña araña que en ese preciso momento se ocultaba
debajo de un deplorable poema. la ventana con su
antiguo marco de hierro forjado que hasta ese momento
descubrí abierta
mi mirada se terminó posando en un viejo baúl grande
y pesado. que se encontraba en una esquina cercana a la
puerta. lo había utilizado de niño para guardar mis juguetes
y cuando me marché de casa insistí en llevarlo conmigo
para ese momento me sentía más tranquilo y con cierta
curiosidad me acerqué a este
en todos mis cambios de domicilio nunca reparé en qué
lugar quedaba acomodado. pensé en la última vez que

25

había revisado su contenido. estaba cubierto de una fina
capa de polvo que retiré con un trapo húmedo
 aún tenía colgando y abierto su candado. mi corazón
comenzó a acelerarse a la expectativa de su contenido
decidí marcar de nuevo
aló, quién habla. soy yo

LÍNEAS

es una tarde lluviosa un día antes de mi cumpleaños
un sábado cualquiera
mis hijos juegan en su habitación. esperamos a que
mama regrese de hacer las compras
sentado en un sillón observo un cable que se desprende
por el costado de un paredón de ladrillos y cae oblicuo
en algún punto que no distingo. llama mi atención
la imagen de un pequeño pájaro que se mece como
péndulo. ahorcado. hace frío y debo salir

CUMPLIR AÑOS

hoy cumplo años

        es de madrugada y
        tengo por costumbre
        desvelarme para leer
        algo escribir y pensar
mi salud ya no es tan benévola pero sigo abusando de
ella supongo que hago mal
mi mente se ha tornado más irreverente de lo habitual
desde hace algún tiempo
pero en general me siento bien
por la mañana abrazaré a mi mujer y a mis hijos
pienso que soy un hombre complicado frente a
situaciones simples. o al menos así he aprendido a verme
últimamente
escribir me ayuda a comprender algunas cosas que no se
presentan tan claras
no puedo pedir más. me pregunto si en mi último
momento tendré serenidad
creo que es horrible pensar esto. domingo es un buen
día para celebrar
escucho ladridos apagados y el golpeteo de algo que no
puedo definir
alguien pasa por la calle y deja el hálito de algo que se repite
los gallos comparten su bulliciosa melodía. ajenos e
idiotas ante el tiempo
sin embargo siento que es una conversación de la que no
soy del todo indiferente

EL BESO

me voy a la cama es de madrugada
de pronto beso un querido libro de poesía
me reconforta hacer esto
olvidé algo y lo tomé
lo demás ocurrió instintivamente
por un momento trato de recordar
si he hecho antes algo parecido
en realidad no me importa obtener alguna respuesta
lo preocupante es el beso

EL GATO

Por obra indescifrable de un decreto divino, te buscamos vanamente;
más remoto que el Ganges y el poniente, tuya es la soledad, tuyo el
secreto (...) En otro tiempo estás. Eres el dueño de un ámbito cerrado
como un sueño.
JORGE LUIS BORGES

es de madrugada y estoy sentado en el sillón leyendo. el gato
salta desde el lugar en el que duerme. lo observo acercarse a
su plato para comer algo pero está vacío. lo huele para luego
alejarse un poco y observarlo por un momento
voltea para verme unos segundos y vuelve a ver el plato
para encontrarlo nuevamente vacío. en esta segunda
ocasión detiene por más tiempo su mirada inalterable
continúo con mi lectura un poco desconcentrado
decide marcharse por la puerta que da a las escaleras y
desaparece por unos minutos
escucho los pasos de mi esposa que se levanta por un vaso
con agua. el gato aparece de nuevo acercándose a ella que
no lo nota. intercambiamos algunas palabras y la acompaño
al cuarto para arroparla y darle un beso en la frente
retorno a mi lectura en el sillón y tropiezo con el gato
que se libra de un golpe
se detiene y nos vemos fijamente por unos segundos
antes de largarse de nuevo olisquea su plato
escribo en mi libreta. de pronto recuerdo al gato. no sé
cuánto tiempo ha transcurrido desde que se fue
me levanto para inspeccionar el sitio en el que siempre
duerme y lo encuentro vacío

experimento un leve sobresalto una punzada en el estómago. que rápidamente despeja mis pensamientos como una serie de fotogramas recuerdo que desde hace unos instantes. el gato ya no me acompañaba realmente

¡ALLÍ VIENE LA LLUVIA!

Cuando me llamó, allá fui
Cuando me di cuenta, estaba ahí
Cuando te encontré, me perdí
En cuanto te vi, me enamoré...
CHICO CÉSAR

A Darinka

el verano comenzaba. un viento húmedo anunciaba la
llegada de las primeras lluvias
vivían en un apartamento en la parte alta de la ciudad. pocos
muebles una mesa pequeña y las paredes pintadas de verde
pálido. entre los dos había algo parecido a la esperanza pero
de otro color. como una carta que nunca fue abierta
su despensa estaba vacía y decidieron salir de compras
extrañamente las provisiones con las que volvieron
fueron productos de limpieza y desinfección y
un recipiente plástico con variedad de embutidos
compraban cosas extrañas como un esquinerogaveta de
madera. al que nunca le hicieron justicia encontrándole
un lugar en algún lugar
cierto día por la tarde mientras descansaban después de
comer. un fuerte viento entró por la ventana que daba
a la calle. su apartamento estaba en el segundo nivel y
podían ver las montañas en el horizonte
¡allí viene la lluvia, viene la lluvia! gritó ella dando un
salto desde el sillón hasta la ventana
al escuchar aquella expresión y observar su alegría
infantil. algo quedó impreso en su memoria. se sintió
habitado. y ella solo sabía reír

32

FOTOGRAFÍA

le mostré nuevamente la fotografía a mi esposa
después de algunos meses
le dije. mirá. realmente me veo fatal. en el fondo lo que
quería decir es que mi rostro era triste
la observó por algunos segundos
sí. te ves cansado con unas grandes ojeras. dijo sin
meditarlo mucho.no recuerdo si dijo que me veía triste
pero tal vez lo pensó
es curioso. ahora que la vuelvo a observar con
mayor detenimiento. caí en la cuenta de mi tristeza y
experimenté un sabor amargo en la boca
esto no lo comenté. posiblemente por vergüenza o
autocompasión

posdata

en la fotografía aparecen mi hermano y su novia un
primo un amigo y mi hijo de seis años
fue hecha en un viaje a casa de mis padres durante los
últimos días de diciembre

NO-LUGAR

El espacio del no lugar no crea ni identidad singular ni relación
sino soledad y similitud.

MARC AUGÉ

pasé por la frontera casi quince años durante el tiempo
que viví en el otro lado. como le decían las personas
que habitaban del otro lado. en la radio se escuchaban
noticias de asaltos desapariciones asesinatos y terribles
accidentes. una ocasión en que viajé de noche me quedé
dormido desde que partió el camión. los sonidos de
sirenas y voces en altoparlantes me despertaron. el
ejército implementaba un operativo por una serie de
siniestros que se habían suscitado durante los últimos días
personas desaparecidas y mujeres asesinadas que habían
sido encontradas en el fondo del enorme basurero del
pueblo. que descendía como una montaña rusa de mierda
lista para acabar en el culo de dios. eran las 4 am y el
cielo se recortaba en caprichosos haces de luz. bandadas
de zopilotes volaban en círculos y algunos bajaban a la
primera oportunidad para mezclarse con las personas
y niños. que parecían brotar de entre la basura con las
barrigas hinchadas y a punto de reventar buscando algo
de comer entre los desperdicios. mientras contingentes de
soldados los ahuyentaban sin mucho éxito. la imagen era
fantasmagórica. se movían entre la basura como perfectos
híbridos de una misma especie en una danza pristina
presas de un buen salvajismo post apocalíptico. personajes
dentro de algún videojuego diseñado por algún geek
que planea volarse la tapa de los sesos frente a sus padres

¡bang plop! por mi mente pasaron muchas más alegorías tragicómicas. sonreí al pensar en los rostros de los padres reanudamos el camino después de casi 2 horas bajo una intensa lluvia. al llegar al otro lado traté de sacudirme de la cabeza lo que había visto en la frontera. no pude conseguirlo durante un tiempo

DÍAS A UNA LLEGADA

escuchando música sobre el viaje de un capitán cósmico
se puede escribir un pequeño poema eléctrico

a tu llegada descubrís que la piel amada cede a los
caprichos del tiempo
las palabras y el destello en los ojos y los besos son gigantes
una sensación de calidez no puede evitarse presiento que
ya no estaré
una especie de adiós

desencanto del frío de madrugada y pienso. nunca es
nada jamás hermoso y atroz

EL MAR

eran los últimos días de octubre. fríos por supuesto
como los siguientes meses hasta febrero
a quién se le ocurriría visitar la playa. mucho menos
como promesa de regalo navideño
este año sí iremos a la playa dijo mi padre mientras cenábamos
por qué no te sentás a comer agregó. mientras veía a mi
madre que siempre comía en su ir y venir para atendernos
coman ustedes fue su respuesta de siempre. al menos
hasta el tiempo en que viví con ellos
¡el mar el mar! decía mi hermana con júbilo
yo la veía con cierta compasión
las conductas predecibles en los humanos que provienen
o parten de la felicidad
son menos dignas que las manifestadas por cualquier
animal. una gaviota vamos a suponer
¡sí el mar! dijo mi madre que no terminaba
por sentarse a la mesa
su expresión me llenó de tristeza
aunque en su rostro se pintaba una hermosa sonrisa
siempre supe que era el preludio de la cercana desilusión

MIEDO

sentada al otro extremo de la mesa ella no le dirigía ni
una sola mirada
era la hora del desayuno
él se había metido en su habitación durante la
madrugada
acaso ella diría algo
no hacía más que reír alocadamente a la menor
provocación
como acostumbraba hacerlo desde que llegó
le parecía excitante excitante y tonta
lo invadió el miedo
sí. esa risa era diferente. se burlaba de él. no tenía la
menor duda
un chico torpe en la cama de una mujer
ella se levantó de la mesa y al pasar a su lado le mesó el
cabello cariñosamente
viéndola a los ojos casi sintió agradecimiento
tal vez las cosas no eran tan complicadas
el miedo que había sentido le pareció fugaz. justificado
por qué habría de temer
por un momento le pareció que todo estaba dispuesto
ordenado a su antojo
sentir miedo no era algo tan malo finalmente

YIRAR YIRAR

era de madrugada cuando salimos del bar. después de
un rato caminando no habíamos pronunciado una sola
palabra. inicié una conversación cualquiera. comenté
algo sobre el enorme sabino que se había desplomado
en el zócalo de la ciudad. he escuchado que han caído
árboles en otras ciudades. estoy seguro que es un
grupo organizado el que lleva a cabo esas misiones
aún no logro determinar sus motivos. dije tratando de
conservar una expresión de seriedad. de qué cosas
tan extrañas echás mano cuando no sabés qué decir
dijo ella buscando el encendedor en los bolsillos de su
chamarra. es posible pero te diré algo. es más probable
que yo acierte en mis suposiciones sobre acciones de
desestabilización política que tu historia del carrusel
su rostro tomó una expresión de molestia pero no dijo
nada. dos calles antes de llegar a casa nos encontramos
con la pequeña feria. y el carrusel era el único juego
que estaba en funcionamiento. yiraba yiraba con las luces
encendidas y una música entrecortada de fondo
días atrás habíamos visto que estaban instalando todo
me sorprendió ver aquel solitario juego mecánico
yirando con sus viejos y roídos animales de madera
tenía un aire espectral. hay alguien pregunté alzando un
poco la voz. pero nadie respondió
vamos. hoy te subirás conmigo damos unos yiros y nos
largamos. viste que no hay nadie dijo burlonamente
recordando la conversación que habíamos tenido hacía
unos minutos

mi broma había sido efectiva. ella sonreía victoriosa tomé la invitación como un reto. estando muy cerca de casa recordé claramente cuando de pequeño. llegó a la plaza de mi pueblo el primer circo que conocí

EL CIRCO

eran miserables. llegaron una tarde y mientras se
instalaban. un niño se acercó demasiado al único mono
famélico que les acompañaba. y estuvo a punto de
ahorcarlo. en la primera función no quiso actuar y subió
a lo más alto de la carpa. los payasos eran violentos y
pendencieros al defender a su estrella simiesca. que en
algún momento confundí con un enano
una función me bastó para no regresar. durante el día
desde la terraza de mi casa los veía con cierto morbo
los camiones del transporte urbano se estacionaban
alrededor de la plaza
y los conductores en su tiempo libre se acercaban a
conversar con las mujeres más jóvenes de la caravana
esto causó algunos incidentes desagradables. como el día
en que dos payasos golpearon a un chico que llevó un
recado para una de las muchachas del circo
algunos vecinos y personas que pasaban comenzaron a
reunirse en uno de los costados de la carpa auxiliaron
al chico que sangraba de la cabeza. y conminaron a los
agresores a detenerse
las cosas no pasaron a más
una semana había transcurrido desde su llegada. y las
funciones continuaban ofreciéndose casi siempre con
poca asistencia
durante el día se dispersaban para pedir agua a los
vecinos. y si era posible algo de comida y utilizar sus
sanitarios. esto último les era negado según me contaban
mis amigos. en mi casa ocurría lo mismo

41

por la tarde al finalizar una función me encontraba
jugando en la calle. las personas se retiraban de pronto
sentí una mano que me sujetaba por el brazo. era uno de
los payasos el más viejo de ellos. tenía los ojos amarillos
la cara huesuda y escurría sudor
desde su frente. llevaba un cubo para que le diera agua
le abrí la puerta que daba al jardín
al fondo había un grifo donde mi papá les permitía
tomar el agua
me quedé parado en la puerta viendo al payaso
agacharse por entre los rosales y enredaderas
se inclinó para llenar el cubo y al ver que yo seguía allí
hizo una espantosa mueca que me puso la carne de
gallina. cerró el grifo y pasó frente a mí dándome una
palmadita en la cabeza dijo algo que no recuerdo
en la noche escuché ruidos. sabía que estaban desmontando
todo y que por la mañana el circo ya no estaría. sentí el
impulso de subir a la terraza para cerciorarme pero desistí
después de casi dos semanas de funciones la plaza se veía
extrañamente vacía
solo quedaban restos de carbón una sartén vieja y una cuchara
casi entrada la noche mi papá me pidió que fuera por el
rastrillo. al pasar frente al grifo descubrí colgando de este
una gastada nariz de payaso

42

EPIFANÍA

era diciembre de 1980. jugaba con papá. yo estaba
maravillado al ver que él desde su asiento lanzaba
hacia arriba una pelotita que desaparecía por arte de
magia. a mis espaldas el televisor estaba encendido. y
papá. mientras se lucía ante mí con sus habilidades de
prestidigitador escuchaba las noticias
de pronto la pelotita cayó al suelo. papá no intentó
levantarla y se quedó mirando fijamente al televisor. sus
ojos parecían dos grandes platos
¡no puede ser que asesinaron a ese genio! fueron las
palabras que pronunció
volteé a ver hacia el televisor y vi imágenes de un
hombre. que en ocasiones aparecía en blanco y negro y
en otras a color. llamó mi atención su largo cabello y los
pequeños y redondos lentes que portaba
una canción de fondo comenzó a sonar. y a pesar de
no comprender ni una frase y el porqué le entristecía a
papá. me sobrecogió profundamente
mientras papá buscaba a mamá yo me quedé parado
frente al televisor. inmóvil escuchando la canción y
viendo cientos de imágenes
serenidad. sí. esa fue la emoción que me envolvió. sentí
que mi pecho y estómago se ponían cálidos. ignoraba
cómo podía ocurrirle a otros chiquillos de mi edad. pero
experimenté la letra y la melodía como si fuese una
canción de cuna
papá y mamá decían cosas. que no fueron suficientes

43

para sacarme de la especie de trance en el que estaba
habían asesinado a John Lennon. descubrí muchos años
después. e *Imagine*. considerada como la canción del
siglo. fue mi muy personal y tierna epifanía infantil

YO Y EL CINE

la antigua plaza se encontraba repleta de personas todo
un acontecimiento en el pueblo
eran las diez de la noche y pude encontrarme con otros niños
desde un camión se proyectaba la batalla entre dos monstruos
las imágenes se transformaban en otras imágenes o al
menos así me parecía
es el viento escuché protestar a una señora gorda
mis amigos y yo no estábamos tan entusiasmados y nos
sentamos en una banqueta de pronto vi a Carmina que
se marchaba con su familia
pasaron frente a nosotros pero no se percató de mi presencia
era la niña más hermosa que había visto aunque un poco
mayor que yo
recordé la ocasión en que nos quedamos fuera de
la función vespertina en el Cinema Fénix un local
improvisado propiedad de un comerciante foráneo
escondidos en una pequeña bodega nos besamos como en
el cine mientras escuchábamos risas y algunas groserías

LADRONZUELOS ROMÁNTICOS

faltaban pocos días para irme. estuvimos saliendo
regularmente. yendo al zócalo y sus comercios aledaños
en donde no faltaba que estos tipos robaran algo. lo
llevaban a cabo con la mayor tranquilidad. tal era así que
en una ocasión entramos a una tienda
de esas que venden piedras energéticas. el guardia y
los que atendían pusieron cara de nos reservamos el
derecho de admisión
no tenía el mínimo interés de estar en ese lugar. sobre
todo al recordar la forma tan boba en que había perdido
un bello anillo con Amatista. que llevé conmigo varios
años como vestigio de un amor. y del que les había
platicado días atrás
eché un vistazo mientras ellos de la manera más
desenfadada
le preguntaban cosas a una guapa vendedora
te las escondí en el bolsillo momentos antes de irnos dijo
Toño divertido
al darse cuenta de mi sorpresa al encontrar tres piedras
diferentes de Amatista
en uno de los bolsillos de mi chamarra
íbamos un poco retirados. estás bien estúpido. gracias. le dije

IT

te extraño mucho le escribió
él cosificaba esta frase
después de todo el tiempo que había pasado
y solo era algo escrito en una cosa
algo es una cosa un dolor físico una voz dos aves que se
atacan
el agua que tiembla las letras son cosas también
las metálicas nubes el tacto del viento
lo particular lo inmediato las cosas son palabras
lo que fue y lo que será
es decir lo presente
en algún tiempo ella lo había amado
ahora lo extrañaba
amar es una cosa

EL CUARTO

A Ana Prado Murrieta

recordás que fuiste a conocer el cuarto en el que viví
sí y lloré
así es

aún me da tristeza pensar en eso

no en el cuarto ni en los niños bulliciosos

en las señoras saliendo apresuradas al mercado

y en los tipos que tenían muy de mañana una botella de
licor entre las manos
no en el olor de tus cigarrillos húmedos ni en que no
tenías televisión
veíamos programas estúpidos y nos encantaban ese día
lloré porque ya no estábamos juntos porque no podía
imaginar cómo

VACÍO

el departamento tenía una pequeña estancia y dos
habitaciones
en una de ellas su colchón maletas y una grabadora
la otra estaba vacía y no tenía con qué llenarla ya sabés
algún librero una mesa un par de sillas un espejo
por las noches incluso durante el día
la certeza de que esa habitación estaba vacía le era
desagradable
sus libros no eran muchos
estaban desperdigados al fondo del departamento
algunos formaban pequeñas estructuras inestables
no dejaba de pensar en la chica de su trabajo
planeaba llevarla a su departamento para cogérsela
no tenés un librero dijo ella mirando hacia la habitación vacía
no tengo suficiente espacio dijo él
un sarcasmo que pareció extinguirse avergonzado
mientras ella se dirigía hacia la habitación vacía
comenzó a llover él se acercó a ella cuando abría la ventana
el viento les golpeó en el rostro
sabés algo dijo él acercando su rostro al de ella me
encanta que estés aquí
lo cierto es que la habitación dejó de estar vacía durante
un tiempo
se fue del departamento semanas después
olvidando algunas cosas y un librero

ANTUMBRA

El poeta es un fingidor
Finge tan completamente
que llega a fingir que es dolor el dolor
que en verdad siente.
FERNANDO PESSOA

PRÍNCIPE NEGRO

Creéis que al menos la carta decía algo.
¿Y si os digo que no había carta?
Muchos somos, los amigos, y todos cupimos
en un sobre vacío apoyado en un vaso.
WISLAWA SZYMBORSKA

nada existe aquí
este espacio tan parecido a un gran espejo
frío y desconfiado
un espejo invadido de aves
entre las que reconozco a los cuervos
aves de una extraña especie
cuervos que hollan vestigios de rosas altivas que alguna
vez fueron brote
en esta habitación que ya nadie visitará
sobre la mesa vemos una carta
un príncipe negro abandonado
y su reflejo

INTERIORES

Luego acaricia tu piel un aliento
La sal que desprendieron tus ojos
Y recuerdas un llamado claro, tan claro
"Jamás volverás a morir"
Una vez más sabes
Que jamás volverás a morir.
TONI MORRISON

pequeños rayos de sol se cuelan por la vieja ventana
entreabierta. atraviesan sus deslucidos cristales y se
recortan entre las cortinas. que se mecen suavemente
por el viento frío de octubre. viene de la calle. trata de
contener su dolor sin lograrlo. un sabor salado envuelve
sus labios. al tocar su rostro descubre que llora. se sienta
a la mesa al pie de la ventana. y detiene su mirada en el
movimiento de las sombras

PLANOS COTIDIANOS

ventanal. cables de alta tensión. ramas de árbol. ramas
de árbol con dos pájaros. ah las aves siempre inquietas
latiendo. árbol muerto acompañando a un triste techo de
lámina. qué imagen tan lastimera. dos árboles simulando
conversar. uno de ellos tiene un tono verdeplomizo. el otro
ya sin el filtro de vidrio pareciese pintado con acuarela
fragmento de montaña. allí ahora mismo se consume el
mundo. ayer un atardecer sin promesas definitivo. hoy por
la tarde el cielo es una mancha que sabe a nada. las aves se
han marchado burlonas e idiotas. presas de su breve vida

ANTECÁMARA

no hay lugar para la ternura
en estas mohínas plazuelas y calles de rostros
desencajados en donde nadie se reconoce
y todo esto para qué
construyendo el olvido agazapado
que se mofa de nuestras pequeñas tragedias cotidianas
del destello indecible en las miradas
alguien desde una ventana en lo alto apresura a un niño
se hace tarde no llegaremos a tiempo
el tráfico ahoga las palabras pero logro percibir su eco se
golpea contra las paredes como desquiciado
me retiro de aquel lugar mi casa está a la vuelta de la
esquina sopla un viento frío es otoño
por la banqueta me encuentro con la puta de las siete pe
eme la saludo y le obsequio mi último cigarrillo

estos días son como perros perdidos
estos días son perros perdidos
estos perros días perdidos
perros días perdidos
días perdidos como perros
estas frases revoloteaban en su pensamiento
no recordaba exactamente cuál de ellas había escuchado
pero sabía que en cada una de ellas hablaba alguien distinto
cada voz estaba cargada con una interferencia distinta
tal vez una bala disparada en múltiples direcciones
los perros los días lo perdido irrevocablemente
qué relación guardaban estas palabras más allá de ser
cosas unidas
por el lenguaje
los perros se pierden y no les interesan los días
una manada de perros perdidos no es una cuestión que
altere los días

hablaba por teléfono cuando una vieja llegó a sentarse
cerca de él
al otro extremo del arriate
se quedó por algunos minutos y luego se levantó
estaba sucia y caminaba con dificultad
con las piernas ligeramente flexionadas
se alejó lentamente y antes de perderse en la esquina
la vieja le dirigió una mirada
como si hubiese recordado algo
aquella vieja abandonada que desapareció por la calle
pasó a convertirse en la calle abandonada
donde una vieja desapareció

EL ESQUELETO

cierto día descubrí un esqueleto
de pronto pensé que al marcharme
            podría escabullirse y revivir en algún rincón
en ese momento no sentí miedo y pasaron los días
durante una conversación con alguien experto en
                        cumulonimbus
            algo parecido al horror me invadió
                        un golpe directo en el vientre
porque qué es más apabullante que un sentimiento
indeseable entonces sentí miedo y no supe en qué
            rincón había revivido y pasaron los días

HOMBRE QUE CAMINA

Y sin embargo, los muertos no son,
no pueden ser cadáveres de una vida
que todavía no han vivido.
Ellos murieron siempre de vida.
Estáis muertos.
CÉSAR VALLEJO

entre las cosas de una tienda. en el humo que sale del
mercado. los autos y camiones que avanzan ruidos y griterío
las cucarachas voladoras y las ratas videntes de todo lo que
vendrá están las carcajadas y las muecas y la desconfianza
también. el llanto es una débil marca en los ojos de la
multitud. que reflejan colores agazapados unos sobre otros
construyendo la osamenta del tiempo alimentado en fondas
y restaurantes y basura. en avenidas y atrios de iglesias
donde los muertos buscan refugio. escuchó su propia marca
y quiso saber su color apartarse de la multitud. sabía que ya
era hueso y sudor y sangre. eco de sí mismo
hombre de cualquier lugar hombre que camina

Y DESPIERTO

estoy en el vestíbulo sentado en una silla

es muy temprano veo mi reloj son las cuatro

el sueño me abandonó hace horas
mi habitación es confortable pero ruidosa

posiblemente no pueda explicarlo
en cierta ocasión le dije a mi nieto que el diablo me
visitaba

me valgo de este divertimento que no le interesa a
nadie

CREPUSCULAR

a Juan Reinaldo Figueroa Rodríguez

de pequeño mi abuelo me contaba. que los grupos de
personas que veíamos durmiendo
en los pasillos de la municipalidad. y en la casa de la
cultura de mi pueblo
se comían sus propios piojos
que estos adoptaban una postura simiesca para llevar a
cabo la ardua tarea
se dirigían a la costa para trabajar en fincas agrícolas
yo nunca les vi comer ningún bicho de su cabeza

pasaron los años y me marché y mi abuelo falleció

estoy en mi pueblo es de madrugada y no me queda un
solo cigarrillo
recuerdo que la tienda del quiosco abre muy temprano
tomo el periódico que compré y me encuentro con una
nota que dice
siguen descubriendo fosas comunes. después de veinte
años de haberse firmado los acuerdos de paz entre la
guerrilla y el ejército

aún está obscuro cuando salgo. paso como fantasma en
una calle
donde un barrendero concluye su jornada
en la siguiente esquina se encuentra un edificio en obra negra
que según algunos vecinos estaba destinado a ser un
gran salón de usos múltiples

cuando me encuentro frente a este. descubro durmiendo
en el largo y polvoriento pasillo
a una gran cantidad de personas
escucho el llanto de los niños mientras sus madres tratan
de apaciguarlos
es una cuadrilla

me dirijo a comprar los cigarrillos. y al regresar fumo en
una banca del parque
desde donde puedo observarlos. siento curiosidad por lo
que mi abuelo me había relatado hacía mucho tiempo

bien cubiertas y expulsando vapor por la boca las
personas pasan rumbo a su trabajo
hace un frío terrible y decido acercarme un poco más

una luz mortecina envuelve aquel espacio. mientras
algunos de ellos se incorporan
de pronto escucho a lo lejos la bocina de un camión
que se acerca
esto provoca un alboroto y las personas comienzan a
recoger sus pertenencias
no me doy cuenta cuando el camión ya se encuentra a
un costado de la calle
el conductor y otro tipo les gritan

se forma una marabunta para abordarlo. dejando atrás
cartones y periódicos veo sus caras resecas y lastimadas
por el frío
las mujeres van descalzas. toman a sus hijos de la mano y
a otros cargados en rebozos

el camión se pone en marcha y se aleja calle abajo
dejando tras de sí una gran cantidad de humo

de regreso a mi cuarto fumo un último cigarrillo. trataré
de dormir unas horas
llegué hace pocos días para resolver algunos asuntos
por la tarde visitaré a mi abuelo en el cementerio
municipal

las fábulas deben sobrevivir
dijo sentada en su sillón favorito veía atenta la televisión
me pidió que buscara sus cigarrillos. los había dejado en
la cocina
mi abuela tenía 83 años
y moriría algunas semanas después
de pequeño me leía cuentos. me recuerdo de su
biblioteca
era severa y malhumorada
hablaba de la violencia y la belleza
y de otras cosas que yo no comprendía en ese entonces
en sus últimos días ya no reconocía a nadie
mis padres me contaron que pasaba horas viendo la
televisión
y fumando sus cigarrillos sin filtro
volví y le encendí uno
me senté a unos metros de ella
recuerdo que repetía la misma frase en voz baja
sentí compasión y temor
qué había en esas imágenes
que le hacían pronunciar aquellas palabras

LA FÁBULA DEL HÉROE

¿Quién es mi padre en este mundo, en esta casa
en la base del espíritu?
El padre de mi padre, el padre de su padre, su...
Sombras como vientos
vuelven a un pariente anterior al pensamiento, antes del habla
a la cabeza del pasado.
WALLACE STEVENS

A Julio Roberto Tello Cano

el recuerdo llegó a su memoria. no estaba haciendo nada
en particular
tal vez ordenando su habitación. leyendo
tal vez había tomado la decisión de salir a dar un paseo
después de mucho tiempo
pero un recuerdo no vuelve solo. lo acompaña el
grotesco orden temporal
y con este. el imperio del lenguaje para nombrarlo
la trampa de los símbolos
su figura de acción nunca estuvo atrapada entre la pared
y el ropero
en la habitación de sus padres
en donde la buscaba casi todos los días
allí como un obseso la veía claramente
en ese momento se sintió sobrecogido por un deseo
vehemente de liberarla
donde la inocencia de aquellos días
pendía de los finos hilos que forman el brocado del
pensamiento y la vida

dimensiones en que el héroe
al final
se desvanece

FRACTURA

Soy de plata y exacto. Sin prejuicios.
Y cuanto veo trago sin tardanza
tal y como es, intacto de amor u odio.
No soy, solamente veraz:
Ojo cuadrangular de un diosecillo.
SYLVIA PLATH

A Nelly América Figueroa Montt

frente a mí y a un costado de la ventana hay un gran espejo
tiene una fractura que lo atraviesa diagonalmente
perteneció a mi madre y siempre estuvo en su habitación
los espejos custodian la luz del silencio me dijo alguna
vez   sonreí y la abracé viendo caer en su espalda
su largo cabello negro   no tuve valor para ver mi
rostro inocente y me aferré a su cuerpo   con el tiempo
descubrí que la herida en el espejo era auténtica
y que nunca desaparecerá

REZAR

a dónde van esas palabras acaso solo atraviesan
el cuarto de tu madre
la sorprendiste susurrando algo
o a tu padre en la azotea mientras recogía la ropa
húmeda por la lluvia de madrugada
pensás que rezar es no ignorar que el tiempo pasa
el presente abrumado de futuro
un destello antes de cerrar los ojos

PROMISCUA

No traigan más una puta por acá
les digo a mis pocos amigos
me voy a enamorar de una.
CHARLES BUKOWSKI

no puedo lograr una erección. me jode
tragar demasiado alcohol. mala idea
aún me encuentro sobre la puta guapa. ella dice algo
palabras de ternura y desenfado. ella dice algo
sigo cada movimiento de sus labios

música vacilante que ahora crece
notas duras que entran y salen te caés impotente de amor
solo dueño de esta asquerosa fuente de poder lamé tu
alimento. la escuchás hablar

sos un ángel querida
why do you make me blue? susurra ella   nadie tan lasciva
como vos
promiscua soledad

AZUR

Habitaciones en las que la gente se grita y se hiere
Luego siente pena, y soledad
Incertidumbre. La necesidad de amparo.
RAYMOND CARVER

aquella muchacha nunca se quejó. sin apartar la mirada
de mí se recostó en la cama
el pronunciado pliegue de sus ojos delataba un
presentimiento. el color de un instante
prefería quedarse con los zapatos puestos. yo pensaba
que era por algún temor contraído porque sus largos
tacones se clavaban en mis costillas. y yo solo reía
olvidaba pintarse los labios. entonces me sacaba de entre
sus muslos y corría al espejo me gusta más así decía nunca
quise decirle que aquel labial me producía náuseas
le veía tan feliz que en muchos momentos a su lado sentí
que la busqué
porque me agradaba esa carrerilla de la cama al espejo
antes de empezar
ahora le pregunto. tenés en casa un espejo tan lindo
como este de plástico brillante olvidé su respuesta
amaba su rostro de niña

Se marchan de aquí, de eso se trata
(...) Debes empezar a pensar en nuestra pasión de esa manera
Cada beso fue real, después cada beso abandonó la tierra.
LOUISE GLÜCK

nuestro amor muere
y nadie lo sabe
porque no es necesario
los pájaros alzan el vuelo
así nos amamos todo el cielo

LIBIDO

no era solo el recuerdo sino la persistente idea de que
aquello efectivamente había ocurrido. esa noche me
sentía tranquilo y decidí salir a caminar
el viento frío que soplaba hacía que mi cigarrillo se
consumiera más rápido
la persistente idea de que aquello efectivamente había
ocurrido. eran las 3 am
nunca llegamos a saber de qué actos podemos ser capaces
la culpa sostiene un revólver en tu nuca con la boca
babeante y sus ojos vacíos de vergüenza
ese tipo de chica te puede llegar a volver loco
hay una imagen en que la mirás alejarse en un taxi te
dice adiós y no sabés si en el fondo realmente te odia la
persistente idea de que aquello efectivamente había ocurrido
tengo algunas chicas que podrían hacerte la noche un
poco más alegre me dice un hombre   como si un buen
trasero y unas piernas abiertas te agenciaran disculpas
la chica ya no te quiere ver recordás que no paraste de
golpearla
ella de algún modo estaba enferma y te buscó
existen lugares y personas a las que se llega por dolor y
esta es otra imagen

Y ESTA ES OTRA IMAGEN

caminás por la ciudad y de pronto mirás la entrada de un hotel
que te recuerda a otro hotel que te recuerda
la habitación del fondo la llave por favor es la número 7
los momentos cosas siempre se suceden así y todo termina
no importa dentro de qué espacio estén contenidos
da igual si es un cuarto barato o un taxi amarillo romántico
la mujer estaba parada en una esquina pasé a su lado y sonrió
atravesamos calles de cantinas o tal vez solo me dijo adiós

HOMO - MATOPEYA

escuchás el sonido persistente
que no está en ninguna parte anoche te acompañó
y sabés que no estaba con vos me descuidaste por un
momento me sentí lúcido y feroz nada se descubre en
tu rostro lívido y lleno de esperanzas hay un cansancio
profundo el tiempo rojo azul amarillo
es real en tu limitada coraza de qué
atrás estoy persiguiendo ecos y sonrisas de personas que
encontré en cualquier esquina
nada especial pasos besos pavimento frío
no te recuerdo no sé si estabas parado realmente en la
esquina de esa calle a esa hora sin piedad por nada y
para nadie recuerdo muy bien que llovía
el sol era inquietante como si algo fuese a ocurrir
a lo lejos escuché el rugido
de los motores que amenazaban
todo el mundo persigue algo que suena que emite olores
mojados que desean ser felices fruto de retruécanos
infames pero necesarios que nos explotan diariamente
en la mirada miles de papelitos de colores
en el cabello porque celebramos algo
el sonido que nos ama odia ni demonios
ni ángeles basta mirarse las manos
todo enmudece aquí en este espacio
nada existe y la luna en su éxtasis
se desploma

75

LO SUTILMENTE VULGAR

La poesía es algo que anda por las calles.
Que se mueve, que pasa a nuestro lado.
(...) Por eso yo no concibo la poesía como abstracción,
sino como cosa real existente, que ha pasado junto a mí.
FEDERICO GARCÍA LORCA

en un pequeño parque y en horas cuando el crepúsculo
llama a la noche

las voces insultativas de niños que acompañan a sus
padres carecen de ternura

el sonido de campanas secas por el tiempo
las torna ásperas manchadas

los vecinos se saludan

las parejas de enamorados buscan sus miradas tal vez sus
sombras

se escucha una cadencia

un ritmo envolviendo el ambiente señalándole
queriendo gritar
quizá burlarse de absoluto y soberano hastío

pero calla calla porque siente que el rostro personal de
los desconocidos consuela

76

el del niño que aprende a caminar juzga sin ánimo
mi semblante que estorba sin buscarlo porfiados
hastamañanas

es un paseo y nada más
un retrato de lo cotidiano lo sutilmente vulgar
y cubierto de estrellas

ALGO SOBRE UN CONEJO
Y UN GATO QUE NO ESTÁN

personas que caminan con una mariposa entre las manos
la muerte les persigue personas que salen a volar la
muerte les pisa los talones
igual a los pelmazos que a los desmesuradamente idiotas
que no es más que otra manera de lo cuerdo
vivir la vida conejo
juguetear entre el autoengaño y
el lujo de engañarnos con alevosía es un privilegio
un eterno retorno
del valor para vivirla nada sabemos
sima de poetas gato
oráculo de nigromantes
vacilantes peregrinos ilustres parroquianos
en la punta del azar colibrí

la mariposa y el colibrí están por marcharse
y nadie puede impedir que se reúnan con el conejo y el gato
el lugar es un misterio

LEJÍA

sucumbir a lo inevitable al desastre de nuestra existencia
pero caer caer ingenuamente como animal recién parido
sin nanas ni odas
no te esperan manos ni piernas tibias

con el revólver en una mano y en la otra un pedazo de pan

¡bang bang bang!

la vida como una melodía suena babeante
con los ojos vacíos de vergüenza

JAZZ

Yo quiero ser, contigo, uno de tantos
entregado a una música de minio
y a la liturgia ronca de tus manes.
JULIO CORTÁZAR

la muchacha se para dejándolo sentado en la cama
ella camina desnuda hacia el tocadiscos cerca de la ventana
ruido de coches

se escucha el *kind of blue*

muy bajo
cool trane trane trane
observa girar el vinilo
why do you make me blue?
susurra ella

el levanta la vista

y le ve encender un cigarrillo

SUICIDIO

J'tremble comme une feuille en face de toi
J'vais pas me mettre à genoux pour ça
T'as jamais une minute pour moi
Tes mots font tellement de dégâts.
EMMANUELLE NKOWANE, *LEANOR WOLF*

escribí de abajo hacia arriba
ya pensaste cuál es
tus vicios y desventuras

regresaste de la calle con tus virtudes
te estoy preguntando
tu tiempo se termina

cuál es el escenario

en qué escenario te suicidás

existe uno perfecto del que no podés huir
posdata
no estamos hablando sobre la felicidad
idiota

DIATRIBA MATUTINA

la memoria insolente repetitiva
únicamente interesan las palabras
duras firmes
el poder de un cuchillo al destruir los ojos de una muñeca plástica
y aquí sentado a la mesa
me reconcilio con las buenas maneras
con mi disimulada dosis de terror diario
y vomito
sobre los sagrados poetas

MEMORIA DE UNA PINTURA

Yo habito la Posibilidad
Una Casa más hermosa que la Prosa
más numerosa en ventanas
Superior en Puertas
de Aposentos, como Cedros
inimpregnables al Ojo.
EMILY DICKINSON

pienso en la mujer y el gato

en este espacio y en lo que aquí ha ocurrido
comprendo es el movimiento de las cosas
la tonalidad del rojo
ella insinúa que está inconclusa
que es una posible composición
es real hay complicidad
existen variedad de seres
los que realizan tareas de lo más extrañas
y los ficticios
y los que habitan el arte
y las esperanzas
y del lapizlázuli
y los que cantan
lo cierto es que las cosas siempre
cambian la mujer y el gato flotan

CAMA 137

ruc rucc rrrrruc rrruuurrrccc

suenan las pequeñas ruedas de las mesas movibles
que las enfermeras arrastran por los pasillos
llevando ropa y comida y medicamentos

este molesto sonido se mezcla con la insistente tos
y el pedorreo de otros enfermos
pero cómo

no se puede dejar de mencionar
los vómitos
y escupitajos
y llantos
a lo lejos los gritos

casi carnales de alguien que
no bastándole a su cuerpo
someterlo a un deplorable deterioro
degrada su mente
así la sinfonía

84

LA NÁUSEA

La náusea me concede una corta tregua.
Pero sé que volverá; es mi estado normal.
(...) Es un aburrimiento profundo, profundo,
el corazón profundo de la existencia,
la materia misma de que estoy hecho.

JEAN PAUL SARTRE

la náusea para saludar para dar bienvenidas y para despedirnos
el desperdicio de nuestros quehaceres de nuestros
juiciosos despertares
horas en que no sabemos sucumbir a nuestros caprichos
de forzadas soledades
sin otra convicción que mesarse los cabellos
y te busco cuando siento que mi espíritu se ennoblece por
algún azar que desconozco
y suelto la carcajada infame y me espanto porque el llanto
ya no es suficiente
o porque tal vez lo fue
no me digás que te quedás no me digás que el viento
arropa y que el canto salva
me preocupa lo trágico de tus palabras y la inocencia
devorada por instantes repetitivos y repetitivos y
repetitivos con miedo porque las cosas inician
a cada instante que inician inicianinician y es la náusea
porque me cansa estar aquí
y no saber qué es quedarse qué infame es no saber
quedarse saber que estás presente
no llorés como niño en una tarde lluviosa mirando hacia
la ventana esta náusea de vivir

85

FATAMORGANA

en un bolsillo de su traje azul la locura guarda el silencio
en el otro un pedazo de pan enmohecido descansa
sentada en una cómoda silla
mientras observa la puerta entreabierta que da a la calle
escucha el rumor de personas que caminan
una falsa sed recorre su garganta mientras sus ojos se
llenan de luz

ELLUMMBRA

Tengo que aprender a ser luz
Entre tanta gente detrás
Me pondré las ramas de este sol que me espera
Para usarme como al aire.
LUIS ALBERTO SPINETTA

A Bakia

habla sobre la luz y los ojos
los ojos hacen a la persona
mirás cualquier parte de la persona pero no la descubrís
cuando mirás los ojos de la persona se nota un brillo
como todo su cuerpo
los ojos hacen hermoso todo son la entrada de la luz al cuerpo
es una luz de Ellummbra kira kira きらきら
conocés a la persona por los ojos
los ojos hacen la experiencia
es decir todo es presente
los ojos   hacen la luz
para saber quién es él quién es ella

UMBRA

Veo que estoy sentada escribiendo
Veo que se escribe
Veo lo escrito
Leo y veo lo leído
Vuelvo a ver el silencio delante
Veo que se dirige hacia mi escritura
Desaparece en lo escrito que se está escribiendo
Se lee a sí mismo
Empieza a gritarse a sí mismo.

INGER CHRISTENSEN

PROSAICOS E IMPOLUTOS

El hombre, entonces, se ensimismó y huyó
Lo tragaron los gusanos...

de lo cotidiano la apariencia sin sentido. cosas que pasan
cuando nadie te mira apartado de la muchedumbre
tener sentimientos encontrados. las personas van y
vienen pero el espacio parece desolado. como repleto de
fotografías de lugares en donde ha sucedido algo terrible
y les sobreponen otras fotografías actuales para. según
entiendo. calibrar las ansias de olvido

el material está disponible como un juguete averiado. todo
para olvidar un camino que recorrer limpiarse el rostro
y lavarse el trasero. reflejos innatos de nuestro primitivo
amor propio muestras de supervivencia. fuera del edén

PROSAICOS E IMPOLUTOS 2

(...) No consistió en una violación
Fue dócil al lascivo banquete
Lo encontró gustoso...

una cancioncilla acompaña nuestros pasos mientras
revisamos detalladamente ráfagas de imágenes que no
controlamos veladamente enloquecidos concurrimos al
concierto vital
las preguntas esconden su lívido rostro batallones
de sonrisas retorcidas se ciernen sobre un gigante y
abovedado cráneo que como un hogar nos encierra
siempre al borde de la aniquilación intuimos
 no son ideas lo que buscamos sino regiones de
pensamiento migajas de pan que nos conduzcan de vuelta
a casa de profanas preguntas de sagradas e inamovibles
respuestas somos eso que tan noblemente negamos
prosaicos e impolutos salimos a las calles a enmendarnos
diariamente no sabemos más que nuestros miedos
la ira restablece el perdón en espectaculares y luminosos
anuncios de putiferios abandonados el paisaje es
alentador pero desconozco esa enfermedad hay fortuna
en lo habitual la memoria es de hoy grita el mendigo con
eso trabajá miserable poeta porque nadie se rehace jamás

PROSAICOS E IMPOLUTOS 3

(...) aprendió a hacerse el tonto
por sus propios medios
y a comer carroña
sin miramientos.
ANTONIN ARTAUD

busquemos la verdad que encierra todo esto
en lo que es evidente y jamás se pregunta

porque una bebida y el pan caliente arrellanan el alma
cruzar el límite no es preciso

la consigna y arroparse con la miseria mundana es buen cobijo
no labramos el oro ni pulimos el bronce
tarea innoble para el desahuciado condotiero de la
desgracia cómplice colérico y furtivo

el canto del cisne es la muerte
de nuestro dios cotidiano
inundado de deseos
y advocaciones

ramera sedienta de virtud que advierte nuestra
sublevada mortalidad

de frágiles y radiantes aleteos

somos la apetencia de lo absoluto
monomaníacos nadie nos ha creado
acaso existe dicha más grande
cúspide de la moderna utopía

LA FELICIDAD

que no se malinterprete cuando afirmo que la felicidad
no existe - lo exige mi fuero interno mala voluntad tal
vez - hay que dejar esto a los hedonistas a los clarividentes
parroquianos del lenguaje - no existe la felicidad porque
aún ruge en nuestro interior iracunda - la bestia con la
frente en alto - ciega de optimismo - fanática del amor -
inmaculada ante el espectáculo de un puñado de inocentes
ametrallados

desembocamos en el deseo
sombra de la soledad
cuerpos nos atraviesan con todo el poder de su carne
y el alma repleta de flores que se pudren al caer
mi boca sangra incapaz de pronunciar palabras
el lenguaje me abandona
acaso le pertenece a alguien
de día una nube de noche luz de fuego acuchillada
por el odio de los hombres y las estériles musas
mancilladas por multitudes enfebrecidas
tu existencia pertenece a la memoria de las bestias
al llanto de los ríos

el espejo es un espacio
en donde saciamos el rencor que nos habita
acaso el rencor que nos tenemos
pliegue anegado de ondinas
reducida y burda opacidad
soñamos perdurar con el resplandor que nos fue negado
cómo regresaste de ese lugar
había una multitud de enanos
y vi a Edipo
sé que era él
me escondió su rostro
luego atravesó un enorme espejo hacia una tierra condenada
el crepúsculo es un instante que no debemos nombrar

SALMO

Lo que creía mis grandes pensamientos,
¿no eran en verdad banales?
Tampoco sois vosotros los únicos que conocéis vuestra maldad,
Yo soy aquel que supo de su propia maldad (...)
WALT WHITMAN

existe una variante en el espacio que no puede ser
completada por versos eso es poesía
eso hace de esta un tiempo en el desconocimiento de las
intenciones y la deslealtad del lenguaje
el drama personal y tan doméstico de nuestras
necesidades arrojado a un jardín repleto de cerdos
poeta romántico de él será el argumento final del amor y
la discordia animal
muerte al símbolo

al redimir tu suerte está echada
muerte al poeta romántico
que el infinito te arrope
que te arrulle

·la cabeza será cercenada los cuentos terminan es ley divina
en el más puro de los desiertos la duda prevalece
turgente y extasiada

el campo es fértil peregrino de las palabras hay algo que
toco y no comprendo
acaso dios se rebela contra sí mismo y convierte una
legión de palabras en súbditos ordinarios

la ternura se agota y la compasión persiste
hay que sobrevivir a nuestro propio holocausto
dijo el profeta abofeteado
te amo con violencia desterrada

con las pupilas dilatadas
poeta romántico de nuestro reino
dios privilegiado y henchido de lágrimas vacías

nada creo y todo permito
te descubro esta miserable humanidad
en oración pagana de nacimiento

(...) yo me he dado cuenta de que soy poeta.
No es en modo alguno culpa mía.
Nos equivocamos al decir: yo pienso: deberíamos decir me piensan.
ARTHUR RIMBAUD

fui poeta
lo sé porque en muchas ocasiones
se deja escuchar a mi oído una voz
una voz que anida en las turbulentas
antípodas de mi memoria
yo es otro otros
y me piensa piensan sentenció Rimbaud
también está la imaginaria quietud
del embravecido caudal del pensamiento
quimérica mónada
acaso el miedo o el tiempo inmortal
dios
lo sé porque esa voz me ha dicho
no son ideas lo que buscás sino regiones de pensamiento

LETANÍA

CAÍN
Oh, tú, demonio o dios, como te llames,
¿es nuestro mundo aquel?

LUCIFER
¿No reconoces el polvo con el cual hizo a tu padre?
LORD BYRON

decime en qué me equivoco pues no siento culpa la humanidad
es así vos concebís el amor de manera muy abstracta
así nos has obligado

posiblemente sea la única manera de lidiar con él
explicate
no es tan complicado se relaciona
con una controlada y dosificada cantidad
de pragmatismo para poder vivir
no todos nacimos con alas
concedo en parte estos argumentos
lo que me indigna es la poca voluntad

la poca voluntad decís dejá que ría porque
tu voluntad es la mía y en cada rincón
se cumple a cada instante incomprensible totalmente
irracional desesperada bestia que ruge qué retorcida y burda
interpretación acaso el no matarás huye de tu memoria
yo de sentimentalismos estoy harto aprendí bien del maestro
que el código moral es la sensualidad y con eso debería
bastar aconseja el poeta

retorná a tus aposentos y aprendé a asechar no me avergoncés
por supuesto que las guerras valgan la pena y las buenas
voluntades y ante todo
la compasión por el enemigo seductor

mentira lo que ocurre es que te has vuelto
paciente con tu propia destrucción
y ahora me culpás hijo del Rojo Adán
porque qué yugo esconde el lenguaje
que te hace volverme hombre si yo mismo te expulsé

no busco una respuesta no deseo descubrir el lugar
desde siempre has sido mi rival a tu imagen
no comprendo
esa no es tu tarea sos tan hermoso
y vieron que aquello era bueno

MITOLOGÍA

Caín: yo sabía que me verías morir o que yo presenciaría
tu muerte

y que lo insoportable de aquel dolor se tornara hermoso

Ada: porque en ese momento tendríamos la certeza
de que siempre fuimos aquel lugar en el que estábamos
destinados a descansar

Caín: donde mi río desaparecería en tu mar

Lucifer: en donde dios no existe

EL MISERABLE

lo veo en una esquina
cruzando la calle
allí va el miserable
bajo un cielo encapotado y sucio
acompañado por un perro
que tal vez sabe de la desgracia
sigue su camino el miserable
encuentra y saluda a un par de tipos
sigue su camino sigue con el perro
dejo de ver su forma real
lo persigo con el rabillo del ojo
entre sonidos de criaturas y cosas
fuerzo mi memoria a guardar su imagen
el miserable sigue su camino por alguna calle
hurgando en la basura que encuentra a su paso
sigue con el perro
que no sabe que persigue la desgracia

EL HELADERO

sonriente da vueltas y vueltas por el parque. se le puede
ver desde las alturas del palacio. las aves le ven en
árboles y campanarios. aún es joven de sombrero blanco
y camisa corinta y un altoparlante a la cintura. con otra
voz que no es la suya porque es la nuestra. va querer
helados interroga con júbilo. como si no fuesen helados
lo que ofrece. sino algo fugaz que lleva en su sonrisa
+ algo blindado contra la negativa. yo me pregunto
qué vende qué ofrece el heladero. bajo la sombra y la
barahúnda de vendedores ambulantes y la mirada del
párroco que se asoma por el atrio. se aleja el heladero
qué vende qué ofrece el heladero

UN CAFÉ

qué es lo que querés
sé que es una pregunta que básicamente no tiene respuesta
acaso sentarte a beber un café en este lugar en esta ciudad
es un pretexto un recipiente de la duda
disculpe sabe usted qué es lo que quiero
en dónde lo dejé lo olvidé
aquí se deja propina señor
es lo único que sé señor
no ha tocado su café señor
gracias por su honestidad cualquiera que esta sea
no ponga esa cara descuide
no lo complicaré con apreciaciones morales
sin embargo un café en ocasiones
nos exime de la miseria

MUSTIAS PALOMAS

muy bien has venido a despertarme pero tendré que
complacerte sin lírica bien lo sabés
así pedestre como soy como fuiste
estoy buscando una estructura para esto y posiblemente
no la hay o no la tengo pues bien
ni Otelo ni Segismundo quiero ser aburrido discurso
¡hay que ver!

mirarnos en un espejo que mira a otro espejo enfrentar
nuestra cómica moralidad
partida a la mitad y en el justo centro nuestras risas de payasos
no importa la autoedición personal sin compromisos más
que con nuestras masturbaciones diarias de sentirnos
autorreflexivos

esto es un culo virtual

la autorreflexión debería de iniciar
al tragarnos nuestros propios fluidos
¡qué es ya un acto poético en sí mismo simiesco!
que no pretende ninguna filosofía personal soledad pura
lenguaje innombrable
señores y señoras

viajo aquí estoy allá retorno
cuento lo sucedido lo que me sucedió quiero
quieroquieroquiero no perderme en el bullicio de tantas voces
guardarme a mí mismo como el consolador en la mesita

de noche
de alguna ninfa de cachirul

me despertó el poeta y me recordó entre papeles
y preguntas cómo la lluvia no se extingue
cómo a pesar de tantos ladridos no dejaré de
ser aquelotroaquelotroaquelotroaquelotro
aquelotroaquelotroaquelotroaquelotro

qué dije por qué no lo dije qué hice me dolió cuánto me
hacía falta escuchar esto
hay algún tipo de ternura en esto no lo sé y nos
engañamos con letargos
pero el lenguaje siempre nos cerca nos aniquila como a
mustias palomas

terminamos en la cama con las piernas abiertas y en alto
penetrados así es actos teatrales sin fin
alguien que venga y arregle esta obra que le dé un poco
de dignidad nadie vendrá

por qué me despertaste esta noche poeta

lo sé cobarde dejame aquí con estas líneas tan tuyas como
mías funámbulo en el camino de las palabras urgentes

A RAYMOND CARVER

everything is forever
inmortal
nada podemos salvar
otros cosas espectros
sucederán
honestamente es gratificante saber
que aquí en esta guarida
el horror de la muerte es definitivo
para todos nosotros
everybody

MEGÁPOLIS

No hay nada tan verdaderamente maravilloso para mí
como lo que no ha sido acabado o lo que está casi destruido.
Y el olor de la muerte es un elixir potente para quien sabe que debe morir.
GIOVANNI PAPINI (GOG)

el cielo no termina de parir
o tal vez defecar
es la mitad de un huevo que asoma
por un orificio
designado al azar
nombrado arbitrariamente

lo plano y obscuro se revela
por instantes

en luces
ojos de seres acuáticos
que corren a toda velocidad
conducidos por dioses fugaces y suicidas

en las alturas se vislumbra

el juego de animosas bengalas
que celebran el espectáculo
del gran huevo luminoso

la paciencia cede ante el capricho
nada se consuma
la imagen traiciona

el paisaje siempre imperfecto
horizonte indefinido
la intermitencia nos engulle

el cielo se agazapa
la luna retorna a su burdel
nocturno de concreto
de sudor y humo
elegía de lo perdido
de lo que no seremos

lo que somos
ciudades decadentes y abandonadas
el origen siempre el origen de un deseo

vanidad desmesurada en el umbral de la inocencia
qué podemos hacer pregunta el oráculo

continuar el viaje responde el vacío

MEGÁPOLIS FEAT EXILIO

hacia dónde caminar   hacia dónde caminar hacia dónde
caminar hacia dónde camina hacia dónde cami hacia dónde ca
        hacia
  dónde
rrrrrrrrrrr
rrrrrrrrrrr
hacia dón
        hacia
n
ha
h
c
h
d
ó
r
mi
d
o
x
l
e
a

EXILIO

un dispositivo suena insistentemente

no hay nadie tras los escombros

kliiiiirkkliiiirkkliiiirkkliiiiiiirk
kliiiiirkkliiiirkkliiiirkkliiiiiiirk
kliiiiirkkliiiirkkliiiirkkliiiiiiirk
kliiiiirkkliiiirkkliiiirkkliiiiiiirk

se escuchan pasos
se acercan
la respiración entrecortada
alguien debe responder
sin descubrir su verdadero rostro

aquí estamos
hemos permanecido
somos la moneda de cambio
el disfraz perfecto

desde la sima de un rascacielos
hasta la cúspide de la feraz montaña
el precio es alto

vivir en este espacio
de luz inservible
el tiempo un espejo fracturado
imágenes atomizadas
de lo que alguna vez fue sagrado

DONDE HABITA EL MIRLO

El mirlo giraba en los vientos de otoño
Una parte pequeña de la comedia.
WALLACE STEVENS

ahora estarán las ratas y las ratas que vendrán
ratas ratas ratas ratas
en un instante traté de recordar todos aquellos lugares
abandonados
lugares abandonados por la luz
y sentí que los había abandonado el movimiento
yo mismo estaba abandonado en un lugar con
movimiento
en un tiempo presente que nos sacude
sin permitirnos la sorpresa porque eso ya ha ocurrido
también las ratas huyen como nosotros de la muerte
las ratas intemporales
las decisiones no son nuestras dijo el mirlo luego
enmudeció
la muerte cejó en su acecho
en su inmanente pero irreal movimiento
por un instante aquellos lugares que recordé se
anegaron de luz plateada
y de un sonido ensordecedor y por un instante
las ratas fueron ceniza
ceniza de leña consumida en el hogar
en la simiente que se desvanece y destruye a cada instante
presente presente presente
en el hueco del ojo de un buey postrado por el cansancio
yace el mirlo
teme porque su voz ha retornado

114

creíste ver la montaña al cruzar el umbral
la luz pétrea dijo: ¡detente, el mirlo ha muerto!
ha muerto su movimiento pero quedan sus palabras
queda la plegaria que golpea la roca enmudecida
constante del presente de la ilusión
cenizas movimiento no movimiento
la musicalidad de los pasos de las ratas hollando las rosas
la muerte del mirlo en cada lugar es la simiente

un breve cuento
o el recuerdo impreciso de algo que aconteció hace algún
tiempo debería bastar para que durmieses no escucharás a
los pájaros que llegan al árbol por la mañana

decís que nos pertenecen
        es cierto su canto por ahora es nuestro te respondo

pero tu rostro se aflige
                    buscás con la mirada en las paredes
                    en el techo y en cada rincón de la casa

sabés que hace unas horas el sol se ha ocultado
y no estás segura si los pájaros volverán
para revelar la oscura geometría de lo perdido

logro ver una imagen que el poeta deja caer
me hace desconfiar del agua que tocan mis dedos

    del cálido viento que respiro de este tiempo voraz
que nos duele y abandona
cae como la eternidad dios o tal vez la muerte

      no sé si pueda cargar con alguna de ellas
o decida soltarlas para que se rompan como ojos de vidrio

      que sean tragadas por una quimera marchita
que germinen y mueran en el acto

     como semillas dentro de una manzana edénica

FELONÍA

Mi poesía consistirá, sólo, en atacar por todos los medios al hombre,
esa bestia salvaje, y al Creador, que no hubiera debido engendrar
semejante basura.
ISIDORE LUCIEN DUCASSE

cabeza de cadáver

destilando   anunciando
el nombre avalancha de   voces que nada significan
la muerte es la piedad injustificada nuestros ojos nada reflejan

fuego
fuego sobre la gran Babilonia
sima privilegio de ángeles
que este vino alumbre nuestros huesos

danzantes santificados
sobre el puente inquebrantable
vórtice delicado y crepuscular

siento tu delicada piel como promesa de
almíbar
la profanación está consumada
la belleza se aparta
y se transforma en sueño
todo es envuelto en un mar de quietud
no hay lugar para el débil y virtuoso

y en lo alto de la gran montaña las mentiras florecerán
como absolutos que fracturan la vida
y desangra el alma
agazapada la infamia persigue condenas
en su disfraz de sombra inerte
nos acompaña
en esta voluptuosa peregrinación

EL CIERVO EL CISNE Y EL JUGLAR

Y, sin embargo, yo sé, dondequiera que vaya,
que cierta gloria ha desaparecido de la tierra.
WILLIAM WORDSWORTH

retornaremos en algún momento por ahora solo
podemos ver caer las hojas de árboles aquí sentados en
este lugar alto y húmedo
los rayos de sol atraviesan las cabezas de animales
agrestes y sombríos
   que no tienen otra opción más que cargar con su
consciencia iracunda y radiante
nos erguimos con la esperanza de ver más allá de este
lamentable espectáculo sensual
pero el milagro no llega aquí y nadie canta los rumores
del viento y del hartazgo
luz tibia y descarnada colores del lenguaje

¿escuchan el arrullo del ciervo de ojos brillantes?

es una premonición de la tranquilidad perdida deseamos
retornar al feliz espectáculo
sentir la compañía de aquel noble caminante que hace
sonreír al tiempo
que huyó a la casa prohibida en donde palabras y
ausencias se derrumban hacia la sima
henos aquí con el rostro descompuesto pero anhelante
 el bosque tras nosotros con el árbol inmenso en el
centro es refugio de sabios e idiotas cantos de cisne
sentencia líquido excremento

EROS Y ÁGAPE

*Yo digo: la voluptuosidad única y suprema del amor yace en la certeza
de hacer el mal. Y el hombre y la mujer saben de nacimiento que en el
mal se encuentra toda voluptuosidad.*
CHARLES BAUDELAIRE

caer en el sueño profundo de la voluptuosidad
y despertar en el gran jardín del deleite
en donde el sol ha dejado un rastro de apetitos
germen de lo prohibido y de la umbría
engendro de heridas en guerras redentoras
pero siempre quedará el camino de la compasión
que se transmuta en el tiempo circular del fuego
donde lo vivo y lo muerto es perenne y tiembla en
nuestras manos
el gran relato de los frutos de la tierra y el cielo será su
aniquilación o su despertar

SOFI

(...) y a través de los espacios de lo oscuro
la media noche sacude la memoria
como un loco agitando un geranio muerto.

T.S. ELIOT

así me parecen las niñas de porcelana
yo no soy así dijo mientras descendía por las escalinatas
posiblemente no la volvería a ver a la niña que no era de
porcelana
de qué estás hecha entonces Sofi
aparecía desdibujada en su recuerdo
imprecisa muda casi muerta
no sabía qué hacer con ella deseaba destruirla
romper su cuello su delicado y largo dorso
torpe bailarina
danzá en el tiempo con el tiempo
subí y bajá bajá y subí por las escalinatas
juguemos así ya no importa asirte porque estás hecha de
tiempo
has conocido mi historia ya sabés mi historia la escuchó
decir al despedirse
nunca supo y esto era doloroso cubrirla de piel
siempre fue la niña que no era de porcelana
y su analogía del tiempo con el tiempo murió

LA GABA

A Gabriela Soriano Segoviano

nunca tuve la ocurrencia de llamar así a mi amiga
la gaba la gaba repetí
gabi la gabi mi gabi
gabriela
ga-brie-la
repetir y fragmentar palabras
como un ejercicio de sonoridad interior
eludir el lenguaje hablado
el límite que lo empobrece
el canto interior trasciende
es un espectro vocal en el tiempo
que propicia el reencuentro
en este texto es el signo de la gaba
buscarla en otros lugares disuelve su nombre
el trino de su imagen es voluntad de dios

LUCÍA

todo sucedió muy rápido comencé a correr por aquella
calle y logré alejarme un poco alcancé la siguiente
esquina y tuve que ocultarme pero no se iban no me
dejaban en paz y entonces cansado decidí atacar volví
sobre mis pasos en la primera esquina le vi parado y
apoyado en un poste su garganta fue una víctima fácil
el segundo platicaba con aquella prostituta de ojos
muy negros ella guardó silencio sabía que le haría un
favor el cráneo de aquel tipo reventó por completo
el vestido de ella no podía ser más rojo la última por
eliminar era Lucía creo que así le llamaban a ella debía
asesinarla de alguna manera muy peculiar fue la primera
que realmente me intimidó en la reunión de aquella
noche Lucía le llamaban yo me detuve la vi parada
observándome por unos días pactamos una tregua

HEDONISMO Y VIRTUD

El que tiene deseos, pero no actúa, engendra pestilencia.
WILLIAM BLAKE

mortales

la verdad nos persigue iracunda

cada rincón de carne y sudor y huesos nos recuerda
lo que somos bestias con la frente en alto
sin tregua insistimos

cuánta ingenuidad encierran estos actos primitivos
plegarias a un miserable astro
bellos espectros repletos de poder
atados a un monstruo quimérico
sensibilidad morbosa bálsamo epicúreo
Diógenes arropa a sus ilustres descendientes
como un rayo se desploma Lucifer indemne
nos canta Byron
yo le creo
bendecidos estamos
edificar sobre una piedra fue la temible consigna
una especie de tristeza nos embriaga
deseo latente
gemelo malvado

LA TABERNA
Poema en un acto

¿quiere saber algo? le dijo al viejo que le acompañaba
en la barra no voy a mencionar a ningún poeta maricón,
no hablaré de abismos ni del azur que engendra amorosas
letanías exiliadas de los sutiles e impostores matices del
alba, versos de una domesticidad que oculta enanas
soberbias permítame, dijo el viejo adoptando una postura
displicente. veo a una pareja interesante espere, no voltee
sí, pero ellos ¿de qué manera se relacionan con la poesía?
continúe, le escucho no me agrada ese tipo de verso. me
inclino por la abstracta generalización constante atemporal.
no existe el primer verdugo de la historia, y todos tenemos
un lugar en el costado de aquel joven suicida. porque nadie
se rehace jamás ¡qué no voltee le digo! uno de ellos tiene
grandes tetas y desde este lugar se ve espantoso también
tiene verga, es evidente, las tetas son para atraparlo el
otro no está tan ebrio y claro, se dará cuenta mire lo que le
interesa, yo me largo de aquí no no, sea paciente. trata de
meter la mano entre sus piernas. yo solo deseaba hablar
de poesía ¡joder, le soltará un golpe! ¿usted qué opina?
nada. la diferencia que me interesa no está entre sus
piernas. claro, lo entiendo ¡está en sus tetas! ¿se burla de
mí? ¡jamás! no ocurrió ningún hecho violento, pediré otra
ronda ¡cantineroo! ¿y la pareja? se han marchado ¿por
qué motivo no me lo dijo? traté de hacerlo, fue inútil.
usted no me ha comprendido aún. no, yo solo quería,
ya sabe escuche, no entiendo mucho de poesía la única
habitación disponible en el motel es la número diecisiete
el propietario es buen amigo, dígale que va de parte mía

126

la cama no está mal y tiene una pequeña mesa con silla
usted escribe ¿no es así? en ocasiones. se lo agradezco.
hasta luego

ANTIFÁBULA

no distingo entre
el inaudible sonido que emite el cigarro al consumirse
atrapado en mi mano derecha
y los pasos lentos del perro acercándose a mis espaldas
en la penumbra bajo el árbol

observo

a la hormiga buscar
alimento
evasiones del
pensamiento del c
gave rro

del p rro

de la hor g a

felaciónmimanoquerésscigarroespaldaperroojosojos
hormigacigarromanoojosespaldaperrohormig a perro
hormigaojosechuparmespaldamanosdelpensmientoalcigarrosl
aedaunsalto queaterrizaenelperrodevergavuelta
alsonidodelcigarro

APOLOGÍA DEL DELITO

*La historia, tal como aparece en la Biblia, es infinitamente más sublime
y delicada. Allí todo el mal se remonta a esa insolencia irracional
que no acepta ni las condiciones más benévolas; esa anarquía
profundamente insensible que rechaza los límites en cuanto tales.*
G. K. CHESTERTON

la locura la cordura la soledad la compañía el amor el
odio la lealtad la traición la pasión
la frialdad la compasión la crueldad podemos hacer un
circo tenemos espacio aquí necesitamos un trampolín
pero dónde encontramos uno de esos te gustará el circo
ya es tarde llegamos retrasados hay asientos niños y
niñas de todas las edades observen el solemne cadalso de
la creatividad la abstracción contenida en el aguijón que
funde nuestra comprensión del bien y el mal la sabiduría
para encumbrarnos y ahogarnos como Narciso un niño
camina a la orilla de un arroyo con un barco de papel
entre sus manos y se encuentra con una niña que trae de
papel pero un avión la niña le pide que intercambien sus
juguetitos y es la escena más sencilla que puedo imaginar
de Adán y Eva una alegoría de pureza y enfermedad
colectiva inconsciente agua fresca

EXABRUPTO

Pero yo sé que tienen miedo del alba
Sé que aman la noche y sus lecciones escalofriantes
Sé de la lluvia nocturna cayendo como sobre cadáveres
Sé que ellos construyen con sus huesos un sereno monumento a la angustia.
EFRAÍN HUERTA

qué defendemos cuando escribimos

nuestro sentido privilegio de clase apesadumbrado por
los horrores de esta inmunda sociedad
este mundo es una mierda es bello recalcitrante hay
esperanza pero lo cierto es que el miedo nos corrompe
no te preocupés aquí todo

avenidas inundadas de estatuas de falsos iconoclastas no
hay redención para nadie
que alguien me diga escriba algún comentario aquí: ____
_____

¡que me lleven con los parias!

avenidas inundadas de estatuas de falsos iconoclastas

¡que alguien me diga que me lleven con los
paaaaaaaaaarias!

maldito Warhol bendita señora de las
cantinas que me sirve cada gota de licor que
saldrá por mi vaginapito aburguesado en las
milyunanocheshablanderelacionesanales

130

¡que alguien me diga que me lleven con los
paaaaaaaaaaaaaaaarias! verdaderamente no es una gran
historia pero la podés comprar
si te encañonaron o no en las sienes poco importa sé un
san Pablo en la Acrópolis de Atenas y cagate en la boca
de dios como una declaración de amor
inventá tu teoría del olvido y del amor ¡que alguien me
diga que me lleven con los paaaaaaaaaaaaaaaaaaaarias!
una sentida disculpa por el plagio pero tengo y lo digo
así prosaicamente un problema del alma amigos míos
¡por la muchacha ebria!
posturillas
i know

VEHEMENTIA

en el vacío irracional de mi mente soy un gigante

el gigante escucho que gritan pero no sé si están en mi mente
si me persiguen si vienen de algún lugar
las notas se contraponen en mi abyecta y caprichosa alma

me roban la tranquilidad

¿mirás la ventana en lo alto?

allí me encuentro esperando el crepúsculo como un
pájaro lastimado
y de pronto llega poderoso en forma de felino siento sus
fauces hundirse en mi cuerpo
¿qué diferencia hay ante la muerte definitiva?
a lo lejos el colmillo hambriento
¿será dios quien me habla?

el canto bautismal abrió un abismo

NIGROMÁNTICA

es un hombre viejo y cansado al que le nombran el
mago por sus alucinantes trucos con un par de sapos
es casi un mendigo y apesta pero esto no impide que se
luzca y sorprenda a cuantos presencian sus actuaciones
en ocasiones le acompañan Marcus el alpinista que
construye con sus herramientas un caballito de madera
de diferente color cada vez que una niña de vestido
azul que nadie sabe si se agiganta o enanece salta al
escenario que le sirve para no entristecer y al público
para horrorizarse la belleza de sus asistentes hace que los
curiosos olviden el aspecto batraciano del maestro todos
los muertos están invitados a esta función en beneficio
del diablo divino

NOCTILUCA

guardiana
de la noche
el deseo en
tu vientre
ya tiene
dueño
un destino por cumplirse
condición es tu libertad

solo
por
esta
noche
serena
velarás el sueño

de tu inocente captor

RETÓRICA POPULAR

llegó un espectáculo callejero a la ciudad
todos se reúnen alrededor del gran gesticulador
las carcajadas no se hacen esperar
de pronto nadie recuerda hacia dónde se dirige
se acercan más curiosos y otros continúan su camino
con el rostro desencajado

PANORAMA CULTURAL Y MISERIA POÉTICA

en ninguno de los bandos
ni con los neoprogres
ni con los neorevolucionarios
stalin a la diestra del padre
ni con los ejemplares ciudadanos
con discursos de mierda mágica
nacionalista sentimentaloide
ni con la otredad disfrazada de alteridad
ni con los homenajeados delincuentes
ni con los autores intelectuales
ni con los autores materiales
ni con los que viven del erario
ni con los cultos mercachifles
ni con los proxenetas culturales
ni con los que viven de la universidad
ni con la diversidad
ni con los que venden
ni con los que compran
ni con los que están en la tradición
ni con los artistas famélicos de ocasión
ni con los sórdidos sibaritas de la cultura
ni con los exquisitos
ni con los que convierten la ignorancia en arrogancia
ni con los involuntariamente cómicos
ni con los que se hunden
ni con los que mueren

LEYENDA URBANA

felizmente descubrieron en cierta época de fuertes
tormentas que una manera efectiva entre tantas otras
de enseñarle a los niños a golpear un balón de fútbol
consistía en patear escarabajos
las instrucciones nada complejas por cierto eran

en primer lugar sitiar un abundante grupo de aquellos
brillantes seres
en segundo lugar verles directamente a los ojos
en tercer lugar: ¡¡kapuuum!! ¡¡trémolo!!
en ese pueblo no se admitía el contrapunto

los años pasaron inadvertidamente para los habitantes
de aquel lugar y cuenta la leyenda
que nunca supieron si aquella coleóptera rutina la
llevaban a cabo bajo la lluvia o en el interior de sus casas
lo que sí sabemos gracias a una carta escrita por una
anciana ya fallecida que pudo verles en cierta ocasión
es que al terminar cada práctica quedaban tan cansados
que caían de espaldas sin poder levantarse quedando a
merced de las hormigas y las moscas

TRASHUMANTES

Y tú: desterrado:
hombre sin patria, hombre sin nombre, hombre sin hombre.
Estar de paso, siempre de paso, tener la tierra como posada
tenerlo todo como prestado, no tener sombra sino equipaje
tal vez mañana, mañana o nunca...
MIGUEL ÁNGEL ASTURIAS

recuerdo un camino cubierto de arbustos y alfombras de piedra

en donde era parte de niños que trepaban a la cima del
árbol más alto compartiendo la tristeza de la tarde por la
cercana despedida

éramos aún estábamos

fuimos la corriente feraz del río que heló nuestros pies
que logramos burlar
sonrisas de tierra

desde la gran boca del bosque veredas y atajos se escucha
el grito de vuelta a casa
de los que permanecen con delicadas corazas
los de la triste tarde los trashumantes

dueños ya no de piedra y flor en mano corren y
confabulan
el ave que los vio crecer ha parido
y ronda su fantasma

FANTASMAS

Están aquí y allá: de paso,
en ningún lado.
Cada horizonte: donde un ascua atrae.
Podrían ir hacia cualquier grieta.
No hay brújula ni voces.

IDA VITALE

un pueblo sin fantasmas es temible

crearlos y destruirlos es el signo de su historia qué salgan
y entren por las ventanas
debajo de las viejas puertas como un viento negro y frío
invadiendo pasillos árboles
se escabullirán por las sucias y grasientas paredes dentro
de la apolillada madera de muebles
sueños y porvenires
ni la húmeda naftalina de ropajes de niños y viejos se
salvará de ellos
un pueblo que cree sus fantasmas de muerte y vida

para no sucumbir ante el inmaculado silencio de los
cuervos música y carcajadas
qué se cuiden de nuestros fantasmas

POEMA DE LOS NOMBRES Y LOS OBJETOS

El mundo es la totalidad de los hechos, no de las cosas.
LUDWIG WITTGENSTEIN

como los ojos

lo necesario
como el color
algún color
nombra lo que no siente lo que no ve
un neblí en la cornisa
hay ausencias que se desploman sin motivo   o se yerguen

un silencio
una mosca
una rata
un lugar
vacío

para la palabra
sopla el viento en la habitación

atardecer dentro de la habitación   un pequeño desierto
de sal dentro

para la palabra

clepsidra   vasija en una
montaña
dentro   dentro de un salero

sobre una mesa   vacío   están vivas las rosas

son palabras las que se desploman

de qué color es el neblí   el tiempo

el neblí se ha marchado   tenía que imaginarse

están muertas las rosas

en el agua yerma

aquí hay un mundo

bajo la lluvia negra
las hojas pasos rostros y palabras
descubren su propia luz de venganza los símbolos
de lo elemental e ignoto nos quedan restos de ausencia

y nadie lo verá
y todo lo que es
y luego desaparecerá
                    somos el reflejo de los ojos de un espejo
                    que mira a otro espejo que se mira

atravesado por el tiempo que nos trabaja pacientemente

acaso el comienzo acaso el final
                            almas trémulas que se buscan
                huyendo de una herencia terrible

la luz moja su rostro en el rocío corinto
y cambia mientras llega la voz que es siempre nueva
tal vez de vida tal vez de muerte

cierto día nos despojamos de muchas cosas
en las calles. manicomios. inmundos lupanares. templos
casas. hospicios. regazos vírgenes. juzgados. hospitales
condenados a muerte y al olvido. no supimos cómo llegó
la empresa se puso en marcha. era imperceptible pero
funcionaba a la perfección

```
L                                                   a-
        G       r       a       n
    M   G   á   r   q   a   u-----i-----n   n   a
        M   á   q   u   i   n   a
```

después de un tiempo se pudo comprobar que siempre
estuvo. que vivía entre nosotros. oramos para que se
marchara. el tiempo transcurrió. en cualquier lugar las
personas se miraban. con una especie de delicado horror

DUNAS

nada cambia
solo habitamos fronteras pliegues crepusculares
instantes entre la tierra y el mar
de nuestro hogar nada sabemos
el viento nos arrastra hacia un cielo
que no comprende la melodía que entonamos

CLEPSIDRA

Existen palabras que uno no puede traducir
literalmente y hay que cambiarlas.
MARGUERITE YOURCENAR

(este poema sabe que lo intenté...)

comprendiste que nada te sería devuelto
las personas los aromas que el viento trae
el murmullo de una voz la intranquilidad de la espera
la forma precisa del miedo que también está en el gorjeo
de un ave
pensás en estas y muchas cosas más
en el amor por ejemplo
el amor no se encuentra en el pasado ni ahora mismo
el amor ya no será
luego te preguntás por qué tanta dureza tanto desánimo
pensás que el tiempo te fue dado con un propósito
pero solo es la transmutación lo que es perenne
de las personas las cosas y lo que no sabemos nombrar
nos quedan sonidos ondas en el agua de algún estanque
que tal vez visitamos
el color de una flor que desaparece a la vuelta del
caprichoso riachuelo
acaso era una flor un color
qué era eso que se fue lo que se aleja
algo con forma de perro ladra allá a lo lejos en la
montaña donde el sol se oculta
qué es la sorpresa de esta lluvia
estas risas esta energía este cansancio

la pequeña clepsidra y la luz acuosa del ocaso bailan en
tu memoria
por qué pensás en el pasado

DANZA PULP

A dog came in the kitchen
And stole a crust of bread
Then cook up with a ladle
And beat him till he was dead.

Then all the dogs came running
And dug the dog a tomb
And wrote upon the tombstone
For the eyes of dogs to come.
SAMUEL BECKETT

una drama tal vez

en algún momento todo explota como un montón de pasteles
lanzados de un
lado hacia el otro

las consecuencias no le importan a nadie realmente

así se sentirá el dolor y el abandono me pregunto

es por esto que la imagen de los pasteles volando es absurda
como la pregunta
sucede que a menudo

hay un tipo viejo que se saca el pito le piden que se saque el
pito y traen a la chica más joven

147

de hecho es una niña
los fotografían mientras la monta
                    y claro la imagen es desagradable

es hiriente alguien debería crear una pintura
les servirá a ambos para ganar algo de dinero
                él apesta a semen y orines

ella no quiere saber nada solo que se la jodan un ensayo
    nada más es importante tomar nota y escribir algo
                    sobresaliente al respecto
                la danza de los marginales

                            de los apestados
de los bien vestidos y a la moda
                de los cajeros
        de los empresarios
ladrones y millonarios
políticos delincuentes que no saben qué hacer con
                su proxeneta culo sindicalizado
                            bien educado

        de los asesinados
    de los desaparecidos
madres que lloran a sus hijos
hijos que asesinan a sus padres

de los exitosos drogadictos
adictos al sexo y a la cultura
poderosas prostitutas así en el cielo
danos hoy nuestro pan de cada día
de bailarinas en cajitas musicales
víctimas de plateados perdigones
de los que persiguen el éxito
un cuento de dios
y la virgen maría
sodomizando a su hijo
como en la tierra
suicida de suicidas

everybody had a hard year
everybody pulled their socks up yeah
de los artistas

mercachifles por doquier y alquiler
y de los que nunca serán artistas
de los revolucionarios con chequera
y de los humildes marxistasleninistas
stalin a la diestra del padre

Terrorismo de Estado
de los narcotraficantes

cruzados antiinmigrantes

de los ejemplares ciudadanos

con discursos de mierda mágica nacionalistasentimentaloide

cerdos un millón de veces
cerdos

de los que hacen deliciosos pasteles
en una noche de sueños húmedos
de los snobs y de los que aspiran a serlo
de tantas mujeres

violadas y asesinadas

de los poetas de buena voluntad

que se meten un dedo en el culo para escribir algo
y los que vomitan y no dicen nada
alguien dice algo

n-o-h-a-y n-a-d-a
de los que seguimos esperando y esperando a Godot
q-u-e-h-a-c-e-r

este es el fin…

AGRADECIMIENTOS

Agradezco a mi querida amiga Deborah Clearman, artista y escritora estadounidense, por su sensibilidad y confianza. Sin su apoyo y paciencia la publicación de esta obra no sería posible.

ÍNDICE

Umbra